AF275281

SIMONE WEIL
EL PODER DE LAS PALABRAS

carpenoctem, 2024

Simone Weil
EL PODER DE LAS PALABRAS

Textos originales:
Écrits historiques et politiques, París, Gallimard, 1960

Primera edición: marzo de 2024
Segunda edición: mayo de 2024
Tercera edición: noviembre de 2025

De la traducción:
©Aníbal Díaz Gallinal para Editorial Godot (Argentina)

Del prólogo a la edición española:
©Carmen Revilla Guzmán, 2023

Corrección: Encarnación Cano Pérez

De esta edición:
©Editorial Carpe Noctem, 2025
www.editorialcarpenoctem.es

Diseño de cubierta: Carlos Primo

ISBN-978-84-126154-4-9
Impreso en España
Depósito Legal: M-28007-2023

carpenoctem // *mini*

10

ÍNDICE

9

LATIENDO CON EL UNIVERSO ENTERO
Prólogo de Carmen Revilla Guzmán

19

NO EMPECEMOS OTRA VEZ LA GUERRA DE TROYA

57

MEDITACIONES SOBRE ECONOMÍA

71

PARA UNA APOLOGÍA DEL *DEFAULT*

79

MEDITACIONES ANTE UN CADÁVER

91

MEDITACIONES ANTE UN CADÁVER (VARIACIÓN)

103

PROGRESO Y PRODUCCIÓN

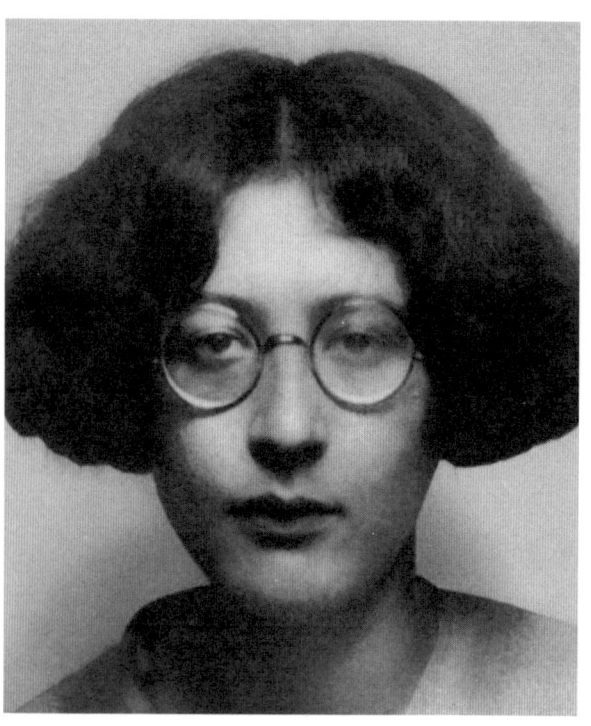

LATIENDO CON EL UNIVERSO ENTERO

POR CARMEN REVILLA GUZMÁN

De Simone Weil se ha dicho que figuras como la suya «están destinadas a crecer en el tiempo», y el interés que su obra despierta en la actualidad lo corrobora; la validez del diagnóstico que elabora de nuestra civilización da testimonio de que no fue una visionaria que anticipa y predice sucesos, sino una pensadora que supo mirar y ver lo que hay y, quizá sobre todo, lo que falta. También supo decirlo, desconcertando e incomodando a sus contemporáneos, pero consiguiendo dejar una obra capaz de sobrevivir a las leyendas que se tejieron en torno a ella, de seguir despertando interés y de impulsar eficazmente el pensamiento de quien se acerca a ella. Sus escritos recogen un trabajo asiduo y metódico de reflexión a partir de la experiencia que conduce a una descripción de la realidad cuya comprensión pide y provoca en sus lectores una suerte de implicación personal. Tal vez por eso una de sus biógrafas, Gabriella Fiori, aconsejaba leerla «en pequeñas dosis», puesto que exige un esfuerzo por sintonizar con un pensamiento eminentemente político, aunque en la frontera entre la filosofía y la mística, la política y la ciencia, la antropología y la estética, la ética y la ontología…, que nos ha llegado parcelado en artículos, notas personales, cartas, algunos poemas, una tragedia inacabada…, aunque es, y lo era ya para ella, profundamente unitario.

Entre los rasgos más característicos, aunque también más problemáticos, de la obra weiliana destaca su compromiso con la verdad, expresado en un amor incondicional a la realidad y en la implacable lucidez con la que logra describirla. Sus textos recogen así un afán de autenticidad que la define como intelectual y concede a su escritura un alcance universal, aunque siempre radicado en lo vivido. Nada en su pensamiento es ajeno a la decisión teórica de adherirse a lo real y a la voluntad de transformarlo. Y es justamente en contacto con la realidad como va forjando una idea de la misma, atendiendo a las exigencias que esta impone.

Pensadora políticamente comprometida, Simone Weil escribió durante uno de los periodos más oscuros y difíciles de la historia reciente de Europa, en los que intervino con voz propia en la medida en que los vivió en primera persona, situándose en el centro de los conflictos más decisivos de la primera mitad del siglo pasado, donde encontró el núcleo de su reflexión y el modo de trazar con su escritura la palabra que nombra la realidad y es capaz de modificarla.

En este sentido, Simone Weil es una pensadora de la experiencia, movida no sólo por el deseo de experimentar, sino por la decisión de estar en el «corazón de la historia», «latiendo con el universo entero», según la expresión de Simone de Beauvoir; pero es una pensadora de la experiencia, sobre todo, porque parece dotada de una singular capacidad de acogerla en virtud de la actitud, intelectual y personal, que desde su juventud adopta, una actitud de espera (*attente*) que es, ante todo, atención.

Los textos aquí recogidos, directamente vinculados a la situación política que preludió la segunda Guerra Mundial, transmiten una mirada lo suficientemente lúcida como para seguir interesándonos. Aunque corresponden a un momento singular, se diría que de transición, en la densa biografía de la autora, permiten encontrar rasgos permanentes de esa actitud teórica, que está en la base de un pensamiento cuya capacidad de interpelación no deja de sorprender. Redactadas entre 1936 –año en el que Weil participa en la guerra civil española, así como en los acontecimientos que siguieron en Francia al establecimiento del Frente Popular de L. Blum, por ejemplo– y 1938 –cuando tiene lugar su experiencia mística en el marco de la que le proporciona el contacto con la belleza durante su estancia en Italia–, estas páginas dejan constancia de su participación activa en círculos intelectuales y políticos, con los que mantiene una deuda, aunque muy matizada por la percepción del clima de desorientación y por la preocupación que le genera la incapacidad que observa en los intelectuales para pensar su propio tiempo. En esa circunstancia, además de la defensa de posiciones pacifistas, mantenida desde sus años de estudiante y hasta la violación por parte de Hitler de los acuerdos de Múnich en 1939, acorde con el contexto cultural y político al que pertenece, sus escritos registran una importante reflexión sobre el «arte de la política», deteniéndose en nociones esenciales en sus planteamientos, como lo son la de «equilibrio», o la de «imaginación colectiva», por ejemplo, con el fin de clarificar la dinámica del poder y las posibilidades de una acción eficaz.

En la biografía personal e intelectual de Simone Weil la guerra viene a ser un telón de fondo y un tema privilegiado de reflexión para reparar en el funcionamiento de la fuerza en el mundo humano, al ser no solo paradigma del juego de poder entre colectividades, sino literalmente, en palabras de la autora, «el imperio de la fuerza», allí donde el ser humano queda a merced suya y exhibe su esencial fragilidad. Como tema lo encontramos enfocado en distintas perspectivas, al hilo de las distintas experiencias que va incorporando no solo a su tematización y a su concepción del ser humano y de la organización social, sino a la elaboración de un proyecto político, dirigido a la configuración de un medio humano en el que los individuos encuentren cubiertas sus necesidades, evitando así esa inmersión en la colectividad que conduce a los totalitarismos, de un medio que proporcione un lugar de arraigo, alentando la creación de vínculos que posibiliten la participación en la realidad.

En el contexto de una posible guerra europea, en 1937 redacta «No empecemos otra vez la guerra de Troya», muy en consonancia con los medios marcadamente pacifistas con los que la autora está vinculada, pero notablemente significativo en varios aspectos. En primer lugar, porque aquí acentúa el carácter ilusorio y engañoso que anida en el germen de los conflictos bélicos y en su evolución, precisamente como Helena originó el enfrentamiento entre griegos y troyanos, no siendo para los combatientes sino una figura casi irreal. Como consecuencia, el artículo insta con carácter de urgencia a una tarea eminentemente intelectual, que se concreta en la respuesta a una necesidad: la de reformular la práctica totalidad del vocabulario político. Es esta una tarea para la que, aunque «podría preservar existencias humanas», «nuestra época parece bastante incapaz», ocultando así su «verdadera decadencia intelectual». Para Weil no pasa desapercibido el peligro que el lenguaje entraña y el riesgo que comporta en el ámbito del poder: puede llevar a vivir en la irrealidad, allí donde la ausencia de referencias desencadena acciones incontroladas y suicidas, bajo consignas carentes de significado.

En este sentido, otro aspecto en el que vale la pena reparar lo encontramos, solamente apuntado y como conclusión, cuando propone discernir las nociones de «lucha», centro que constituye el impulso de la dinámica de toda historia real, y «guerra», conflicto desencadenado por elementos ficticios que, por su carácter irreal no son resolubles sino con la violencia, subordinada a las decisiones de los Estados implicados.

En 1937 Simone Weil comienza la redacción de unos *Cuadernos* que han sido considerados como «laboratorio» de su pensamiento, porque recogen, hasta el año de su muerte, anotaciones de gran intensidad teórica en las que se observa que es progresivamente consciente de las dificultades de orientar una mirada atenta a la verdad y de traducirla en el plano del comportamiento, dificultades que tienen que ver con las palabras. A partir de ahora, su lucha contra las palabras vacías y con mayúscula irá acompañada por la búsqueda de aquellas que, al transmitir la verdad, sean un principio de vitalidad y sirvan, literalmente, de alimento imprescindible para los seres humanos.

CARMEN REVILLA GUZMÁN
Profesora de Filosofía
de la Universidad de Barcelona

NO EMPECEMOS OTRA VEZ LA GUERRA DE TROYA

(1937)

Gustave Dujardin, *Helena de Troya* (1880, grabado a partir de la pintura de Gustave Moreau)

Vivimos en una época en la cual la seguridad relativa que aporta a los hombres cierto dominio técnico sobre la naturaleza queda ampliamente compensada por el peligro de las ruinas y las masacres que provocan los conflictos entre grupos humanos. Si el peligro es tan grave, no cabe duda de que se debe en parte a la potencia que tienen los instrumentos de destrucción que la técnica ha puesto en nuestras manos. Pero esos instrumentos no funcionan solos y no sería honrado hacer recaer sobre la materia inerte una situación de la que nosotros somos enteramente responsables. Los conflictos más amenazadores comparten un rasgo común, que bastaría para calmar a los espíritus superficiales: contra toda apariencia, su verdadera gravedad reside en que *carecen de un fin determinado*. A lo largo de la historia humana se puede verificar que los conflictos más encarnizados son, sin comparación, aquellos que no tienen objetivo. Cuando esta paradoja se percibe claramente, constituye, tal vez, una de las claves de la historia y, ciertamente, de nuestra época.

Cuando se lucha por conseguir algo bien definido, cada cual puede calcular el valor global del desafío y los gastos estimados que conllevará la lucha; decidir hasta dónde valdrá la pena llevar el esfuerzo; no es extraño, por lo general, que cada uno de los bandos enfrentados encuentre un compromiso que sea más conveniente aún que ganar una batalla. Pero cuando una lucha ya no tiene objetivo, entonces carece de medida común, de balance, de proporción; no hay comparación posible; ya todo acuerdo es inconcebible. Entonces la importancia de la batalla se mide únicamente por los sacrificios que exige. Por este mismo hecho, los sacrificios ya cumplidos reclaman siempre nuevos sacrificios. Si las fuerzas humanas no encontraran afortunadamente por sí mismas su propio límite, no habría razón alguna para dejar de matar y de morir. Esta paradoja es tan violenta que escapa a todo análisis. Sin embargo, todos los hombres cultos conocen el ejemplo más perfecto; pero una suerte de fatalidad nos lleva a leer sin comprender.

En la Antigüedad, griegos y troyanos se masacraron entre sí durante diez años a causa de Helena. A ninguno le importaba demasiado —salvo a Paris, un soldado *amateur*—, que fuera por Helena: todos convenían en maldecir su nacimiento. Su persona era tan evidentemente desproporcionada con esa guerra monumental que a los ojos de todos era solamente un símbolo del reto verdadero. Pero nadie podía definir entonces ni nunca el verdadero motivo de la guerra, pues no existía. Por eso no era mensurable. La envergadura del desafío solo se podía presumir por las muertes que había causado y las masacres previsibles. Por lo demás, sus dimensiones eran ilimitadas. Héctor presentía que la ciudad sería destruida, su padre y sus hermanos masacrados, su mujer degradada por una esclavitud peor que la muerte. Aquiles sabía que libraba a su padre a las miserias y humillaciones de una vejez en desamparo. La masa de la gente sabía que una ausencia tan larga destruiría sus hogares;

nadie pensaba que estaba pagando un precio demasiado alto porque todos perseguían una nada cuyo valor únicamente se medía por el precio que había que pagar. Minerva y Ulises, para avergonzar a los griegos que querían que cada cual volviera a su casa, creían encontrar un argumento suficiente en la evocación de los sufrimientos de sus camaradas muertos. Tres mil años después, para desestimar las propuestas de paz blanca, encontramos en boca de Poincaré exactamente el mismo argumento que ellos sostenían. En nuestros días, para explicar este deplorable encarnizamiento de acumular ruinas inútiles, la imaginación popular recurre a veces a las supuestas intrigas de las congregaciones económicas. Pero no tiene sentido buscar tan lejos. En la época de Homero los griegos no tenían una organización para los comerciantes del bronce, ni comités de empresa de herreros. A decir verdad, en el espíritu de los contemporáneos de Homero, los dioses de la mitología griega desempeñaban el rol que nosotros atribuimos a las misteriosas oligarquías económicas. Para empujar a los hombres a las catástrofes más absurdas basta la naturaleza humana, no se precisan ni dioses ni conjuraciones secretas.

Para quien sabe mirar, el síntoma más angustiante de la mayoría de los conflictos que surgen en la actualidad es su carácter irreal. Tienen aún menos realidad que el conflicto entre griegos y troyanos. En el centro de la guerra de Troya había, al menos, una mujer que era, por cierto, la perfección de la belleza. Para nuestros contemporáneos el lugar de Helena lo ocupan palabras escritas con mayúscula. Si tomamos una de esas palabras, infladas a base de sangre y lágrimas, e intentamos estrujarla, la encontraremos vacía de contenido. Las palabras con contenido y con sentido no son mortíferas. Si en alguna rara ocasión, una de ellas se ve mezclada con alguna efusión de sangre, será más bien por accidente que por fatalidad, y se tratará entonces, por lo general, de una acción limitada y eficaz. Pero escríbanse con mayúscula palabras vacías de significado: por poco que las circunstancias ayuden, los hombres derramarán ríos de sangre; amontonarán ruina sobre ruina, repitiendo esas palabras, sin obtener nunca nada que les corresponda de modo efectivo. Como son palabras que no quieren decir nada, nada real puede corresponderles. El éxito se define entonces, exclusivamente, por el aplastamiento de los grupos de hombres que se identifican con las palabras enemigas. Aquí tenemos de nuevo un rasgo propio de estas palabras: viven en parejas de antagonistas. Claro que no siempre estas palabras carecen de sentido por sí mismas; algunas de ellas podrían tener sentido si se hiciera el esfuerzo de definirlas convenientemente. Pero una palabra así definida pierde la mayúscula. Ya no puede servir de bandera, ni ocupar un lugar en el entrecruzarse de las consignas enemigas; no es más que una referencia para ayudar a captar una realidad concreta o un objetivo concreto, o un método de acción. Aclarar nociones, desacreditar palabras vacías en sí mismas, definir el uso de otras mediante análisis precisos, son, por extraño que pueda parecer, tareas que podrían preservar existencias humanas.

Nuestra época parece bastante incapaz para este trabajo. Nuestra civilización, tan aparentemente brillante, oculta una verdadera decadencia intelectual. En nuestro espíritu no reservamos a la superstición un lugar análogo al que ocupaba la mitología griega. La superstición, encubierta bajo un vocabulario abstracto, se venga, invadiendo el dominio del pensamiento. Nuestra ciencia guarda los mecanismos intelectuales más refinados como provisión para resolver cualquier problema, por complejo que sea, pero somos incapaces de aplicar los métodos elementales del pensamiento racional. Parece que hemos perdido, en todos los dominios, las nociones esenciales de la inteligencia, la noción de límite, medida, grado, proporción, relación, nexo, condición, enlace necesario, conexión entre medios y resultados. Limitándonos a los asuntos humanos, nuestro universo político está poblado exclusivamente por mitos y monstruos: solo conocemos entidades, absolutos. Cualquier palabra del vocabulario político y social sirve de ejemplo. Podríamos tomarlas todas, una atrás de otra: nación, seguridad, capitalismo, comunismo, fascismo, orden, autoridad, propiedad, democracia. Nunca las usamos en fórmulas como: *hay democracia en la medida que*…; o bien: *hay capitalismo siempre y cuando*… El uso de expresiones del tipo «en la medida que» supera nuestra capacidad intelectual. Cada una de estas palabras parece representar una realidad absoluta, independiente de toda condición; o un fin absoluto, independiente de toda forma de acción, o incluso un mal absoluto. Y a la vez, bajo cada una de estas palabras ponemos sucesivamente, o incluso simultáneamente, cualquier cosa. Vivimos en medio de realidades cambiantes, diversas, determinadas por el juego movedizo de las necesidades exteriores que se transforman, en función de ciertas condiciones y de ciertos límites; pero nosotros obramos, nos sacrificamos a nosotros mismos y al prójimo, en virtud de abstracciones cristalizadas, aisladas, imposibles de relacionar entre sí o con cosas concretas. Nuestra época, que se dice técnica, solo sabe enfrentarse contra molinos de viento.

Basta mirar en torno de uno mismo para encontrar algunos ejemplos de matanzas absurdas. El ejemplo por excelencia es el del antagonismo entre naciones. A menudo parece explicarse diciendo simplemente que detrás están los antagonismos de los capitales, pero se olvida un hecho que, sin embargo, salta a la vista, y es que la red de rivalidades y complejidades, de luchas y de alianzas de los capitales que se extiende por el mundo, no se corresponde de ninguna manera con las naciones en que el mundo se divide. El juego de intereses puede oponer entre sí a dos grupos franceses y unirlos con un grupo alemán. La industria alemana de transformación puede ser considerada con hostilidad por las empresas francesas de mecánica, pero a las compañías mineras les es casi indiferente que el hierro de Lorena sea industrializado en Francia o en Alemania. Los viticultores, los fabricantes de artículos varios de París están interesados en la prosperidad de la industria alemana. Estas verdades elementales vuelven ininteligible la explicación corriente de las rivalidades entre naciones. Cuando afirmamos que el nacionalismo siempre oculta apetitos capitalistas, se debería decir cuál es el sujeto a quien pertenecen esos apetitos: ¿las minas de carbón, la industria metalúrgica pesada, la construcción mecánica, la electricidad, la industria textil, la banca? No pueden pertenecer a todos conjuntamente ya que tienen intereses discordantes. Si lo que está en la mira es un sector del capitalismo, sería necesario explicar aún por qué ese sector se ha adueñado del estado. Es verdad que la política de un Estado coincide siempre, en un momento dado, con los intereses de algún sector capitalista; así se tiene una explicación que sirve de pasaporte para todo y que, por su misma insuficiencia, se aplica a todo. Dada la circulación internacional del capital, tampoco se entiende por qué un capitalista buscaría más la protección de su Estado que la de un Estado extranjero, o ejercería los medios de presión y de seducción que tiene a disposición sobre los ciudadanos de un estado Extranjero más difícilmente que sobre sus compatriotas. La estructura de la economía mundial no se corresponde con la estructura política del mundo salvo cuando los Estados ejercen su autoridad en materia económica; pero tampoco el sentido en que se ejerce esta autoridad puede explicarse por el simple juego de los intereses económicos. Cuando se examina el contenido de la palabra *interés nacional,* no se encuentra allí ni siquiera el interés de las empresas capitalistas. «Creemos morir por la patria —decía Anatole France—, pero morimos por los industriales». Sería demasiado hermoso. Ni siquiera morimos por una cosa tan sustancial ni tan tangible como un industrial.

El interés nacional no puede ser definido por el interés común de las grandes empresas industriales, comerciales o bancarias de un país, puesto que este interés común no existe para la vida, la libertad y el bienestar de los conciudadanos, a los que se les implora continuamente que sacrifiquen su bienestar, su libertad y su vida por el interés nacional. En última instancia, si se examina la historia moderna, se llega a la conclusión de que el interés nacional de cada estado es la capacidad de entrar en guerra. En 1911, Francia casi entró en guerra por Marruecos. Pero, ¿por qué Marruecos era tan importante? Debido a la reserva de carne de cañón que debía constituir África del Norte, a causa del interés que tiene para un país, desde el punto de vista bélico, lograr una economía que sea lo más independiente posible, gracias a las materias primas y a los mercados de comercialización. Se llama interés económico vital a lo que permite que un país haga la guerra, y no a lo que permite vivir a sus habitantes. El petróleo es bastante más apto para suscitar conflictos internacionales que el trigo. Así, cuando se hace la guerra, es para conservar o acrecentar los medios para el combate. Toda la política internacional gira alrededor de este círculo vicioso. Lo que llamamos prestigio nacional consiste en actuar dando la impresión permanente de que estamos seguros de derrotar eventualmente a los demás países para desmoralizarlos. Lo que llamamos seguridad nacional es una situación quimérica en la que mantenemos la posibilidad de entrar en guerra, pero se lo impedimos a los demás países. En definitiva, una nación que se respeta está más preparada para entrar en guerra que para renunciar eventualmente a ella. Pero, ¿por qué hay que poder entrar en guerra? Lo ignoramos; igual que los troyanos tampoco sabían por qué debían retener a Helena.

Por eso es tan poco eficaz la buena voluntad de los hombres de Estado que aman la paz. Si los países estuvieran divididos por intereses reales opuestos, podrían llegar a acuerdos satisfactorios. Pero si los intereses económicos y políticos solo tienen sentido en función de la guerra, ¿cómo conciliarlos de manera pacífica? Habría que suprimir la noción misma de nación. O más bien el uso de esa palabra, ya que la palabra *nacional* y las expresiones de que forma parte están vacías de todo significado. No tienen otro contenido más que millones de cadáveres, huérfanos, mutilados; desesperación, lágrimas.

Otro ejemplo sorprendente de lo absurdo que es derramar sangre es la oposición entre fascismo y comunismo. El hecho de que esta oposición determine hoy en día para nosotros una doble amenaza de guerra civil y de guerra mundial es quizá el síntoma más grave de deficiencia intelectual que podemos constatar a nuestro alrededor. Ya que, si se examina el sentido de estos dos términos en la actualidad, encontramos dos concepciones políticas y sociales casi idénticas. Se trata, tanto de un lado como de otro, del mismo dominio absoluto del Estado sobre todas las formas de vida individual y social; la misma militarización frenética; la misma unanimidad artificial obtenida por la coacción en beneficio de un partido único que se identifica con el estado y se define por esa confusión; el mismo régimen de servilismo impuesto por el Estado a las masas trabajadoras en lugar del salario clásico. No hay dos naciones cuyas estructuras se parezcan más entre sí que Alemania y Rusia: se amenazan mutuamente con una cruzada internacional y parece que cada una considera a la otra como la bestia del Apocalipsis. Por eso podemos afirmar sin temor que la oposición entre fascismo y comunismo, en rigor, no tiene ningún sentido. Así, la victoria del fascismo solo puede lograrse por el exterminio de los comunistas; y la victoria del comunismo, por el exterminio de los fascistas. Es obvio que, en estas condiciones, también el antifascismo y el anticomunismo están, a su vez, desprovistos de sentido. La posición de los antifascistas es «todo antes que el fascismo; todo, incluso el fascismo bajo el nombre de comunismo». La posición de los anticomunistas es: «todo antes que el comunismo; todo, incluso el comunismo bajo el nombre de fascismo». Por esta hermosa razón, cada uno en su campo respectivo, está de antemano resignado a morir y, sobre todo, a matar. Durante el verano de 1932, en Berlín, se formaban frecuentemente en la calle pequeñas aglomeraciones en torno a dos obreros o pequeño-burgueses, uno comunista, otro nazi, que discutían entre sí. Después de un rato constataban siempre que defendían programas estrictamente iguales; esta constatación les deba vértigo, pero aumentaba en cada uno el odio contra un adversario tan esencialmente enemigo que seguía siéndolo aunque sostuviera sus mismas ideas. Desde entonces han pasado cuatro años y medio; los comunistas alemanes aún son torturados por los nazis en los campos de concentración, y no es seguro que Francia no esté amenazada por una guerra de exterminio entre antifascistas y anticomunistas. Si tal guerra se entablara, la guerra de Troya sería un modelo de sentido común en comparación con ella; pues incluso si se admitiera, con el vate griego, que en Troya solo estaba el fantasma de Helena, aún así, ese fantasma sería una realidad sustancial frente a la oposición entre fascismo y comunismo.

La oposición entre dictadura y democracia —emparentada con la de orden y libertad—, al menos es una verdadera oposición. Sin embargo, pierde su sentido si se considera cada uno de sus términos como una entidad, como se hace con mucha frecuencia en nuestros días, en lugar de tomarlos como referencias para medir las características de una estructura social. Está claro que en ningún lado hay dictadura absoluta, ni democracia absoluta, sino que el organismo social es, siempre y en todas partes, un compuesto de democracia y de dictadura en distintos grados. También está claro que el grado de democracia se define por las relaciones que unen los distintos engranajes de la maquinaria social, y depende de las condiciones que determinan el funcionamiento de esta maquinaria. Por lo tanto hay que tratar de actuar sobre esas relaciones y condiciones. En lugar de eso, por lo general, se considera que hay agrupaciones humanas, naciones o partidos, que encarnan intrínsecamente la dictadura o la democracia. De tal modo que, llevados por nuestro temperamento, unas veces sentiremos que queremos, por encima de todo, el orden, o la libertad, y nos obsesionaremos con el deseo de aplastar ya sea a uno u otro de esos grupos. Muchos franceses creen de buena fe, por ejemplo, que una victoria militar de Francia sobre Alemania sería una victoria de la democracia. A sus ojos, la libertad reside en la nación francesa, y la tiranía, en la nación alemana, un poco como para los contemporáneos de Molière el opio tenía virtud dormitiva. Si un día las necesidades así llamadas «de defensa nacional» hacen de Francia un campo atrincherado en el que toda la nación estuviera enteramente sometida a la autoridad militar, y si Francia, así transformada, entra en guerra contra Alemania, esos franceses se harán matar, no sin haber matado antes al mayor número posible de alemanes, con la sentida ilusión de derramar su sangre por la democracia. No se les ocurre que la dictadura pudo instalarse en Alemania para favorecer una determinada situación; y que quizá sería más eficaz provocar un cambio que permita cierta relajación de la autoridad del estado, antes que matar a los chicos de Berlín y Hamburgo.

Por tomar otro ejemplo, si en España, delante de un hombre de partido, nos atrevemos a exponer la idea de un armisticio, si es un hombre de derechas, contestará con indignación que hay que luchar hasta el final por la victoria del orden y el aplastamiento de los factores de anarquía; si es un hombre de izquierda, responderá, con no menor indignación, que hay que luchar hasta el final por la libertad del pueblo, por el bienestar de las masas laborales, por el aplastamiento de los opresores y explotadores. El primero olvida que, sea cual sea el régimen político, ninguno comporta desórdenes tales que sean comparables, ni de lejos, con los de una guerra civil, las destrucciones sistemáticas, las masacres en serie en la línea de fuego, la caída de la producción, los centenares de crímenes individuales cometidos diariamente por los dos bandos, visto que cualquier bandido se pone un fusil al hombro. El hombre de izquierda, por su parte, olvida que, incluso en su propio campo, las necesidades de la guerra civil, el estado de sitio, la militarización del frente y de la retaguardia, el terror policial, la falta de todo límite a la arbitrariedad, de toda garantía individual, suprimen la libertad mucho más radicalmente de lo que lo haría un partido de extrema derecha que accediera al poder. Olvida que los gastos de la guerra, la ruina, el atraso de la producción, condenan al pueblo, por largo tiempo, a privaciones mucho más crueles de lo que harían sus explotadores. El hombre de derecha y el hombre de izquierda olvidan, ambos, que largos meses de guerra civil, poco a poco, llevaron a los dos campos a un régimen casi idéntico. Ambos perdieron su ideal sin darse cuenta, sustituyéndolo por una entidad vacía: para cada cual, la victoria de lo que todavía llaman su idea solo puede definirse por el exterminio del adversario. Si se les habla de paz, cada uno dirá con desprecio el argumento avasallador de la Minerva de Homero y el de Poincaré en 1917: «los muertos no la quieren».

De todos los conflictos que enfrentan a los grupos humanos, el mejor fundado, incluso podría decirse el más serio, el único serio, es el que en nuestros días llamamos —con un término que exigiría precisiones— *lucha de clases,* en tanto y cuanto no intervengan en él entidades imaginarias que impidan toda acción dirigida, y lleven a cumplir todo esfuerzo en el vacío, trayendo el peligro de odios imperdonables, destrucciones insensatas, matanzas absurdas. Lo que es legítimo, vital, esencial, es la lucha eterna de quienes obedecen contra los que mandan, cuando el mecanismo del poder social conlleva el avasallamiento de la dignidad humana de los de abajo. Esta lucha es eterna porque los que mandan siempre tienden, lo sepan o no, a vapulear la dignidad humana de los de abajo. La función del mando, en tanto se ejerce, no puede respetar la humanidad en la persona de los agentes de ejecución, salvo raras excepciones. Si se ejerce sobre los hombres como si fueran cosas, y sin encontrar ninguna resistencia, llega a ejercerse inevitablemente sobre cosas extraordinariamente maleables; porque el hombre sometido a la amenaza de muerte —que es, en última instancia, la sanción suprema de toda autoridad—, puede volverse más dúctil que la materia inerte. Así, mientras haya una jerarquía social estable, cualquiera sea, los de abajo tendrán que luchar para no perder todos los derechos de un ser humano. Por otra parte, si la resistencia de los de arriba aparece de ordinario como contraria a la justicia, descansa también sobre motivos concretos. En primer lugar, motivos personales. Los privilegiados, salvo el caso de una generosidad bastante rara, rehúsan perder parte de sus privilegios materiales o morales. Pero también hay motivos más elevados. Los que están investidos de la función de mando sienten la misión de defender el orden indispensable a la vida social, y para ellos el único orden posible es el existente. En cierta medida tienen razón, pues hasta que de hecho se establezca un nuevo orden no se puede afirmar con certeza que es posible. Justamente por eso, solo puede haber progreso social cuando la presión de abajo es suficiente para cambiar de modo efectivo la relación de fuerzas, y obligar así a imponer de hecho relaciones sociales nuevas. El encuentro entre la presión que viene de abajo y la resistencia de arriba establece así, continuamente, un equilibrio inestable que define en cada instante la estructura de una sociedad. Este encuentro es una lucha, pero no una guerra; puede transformarse en guerra en determinadas circunstancias, pero ella no encierra ninguna fatalidad. La Antigüedad no nos legó solamente la historia de masacres inútiles e interminables en torno a Troya, también nos ha dejado la historia de la acción enérgica y unánime por la cual los plebeyos de Roma, sin derramar una gota de sangre, salieron de una condición lindante con la esclavitud y obtuvieron, como garantía de sus nuevos derechos, la institución de los tribunos. Exactamente del mismo modo los obreros franceses, mediante la ocupación de fábricas, pero sin violencia, impusieron el reconocimiento de algunos derechos elementales y, como garantía de esos derechos, la institución de los delegados obreros.

Sin embargo, la Roma primitiva tenía una seria ventaja sobre la Francia moderna. En materia social no conocía abstracciones ni entidades ni palabras con mayúscula ni palabras en *ismo*; nada de lo que, en nosotros, amenaza con anular los esfuerzos más duraderos, o con hacer que la lucha social degenere en una guerra tan ruinosa y sangrienta, absurda desde todo punto de vista, como la guerra entre naciones. Podemos tomar casi todos los términos y expresiones de nuestro vocabulario político y abrirlos; encontraremos que el centro está vacío. Por ejemplo, ¿qué puede querer decir la consigna, tan popular durante las elecciones, de «lucha contra los *trusts*»? Un *trust* es un monopolio económico en manos de las potencias del dinero, que ellas usan, no para mayor beneficio del interés público, sino para acrecentar su poderío. ¿Qué hay de malo en ello? Se trata de un monopolio que sirve de instrumento a una voluntad de poder ajena al bien público. Pero no es esto lo que buscamos suprimir, sino el hecho, en sí mismo indiferente, de que esta voluntad de poder sea la de una oligarquía económica. Se propone que el Estado sustituya a esas oligarquías, aunque también la voluntad de poder del Estado es muy ajena al bien público; aunque para el Estado se trate de poder no ya económico sino militar, y por tanto, mucho más peligroso para la gente buena que ama la vida. Esto ocurre recíprocamente del lado de la burguesía: ¿Qué se entiende por estar contra el estatismo económico si se aprueban los monopolios privados que comportan todos los inconvenientes económicos y técnicos de los monopolios de estado, y aún más? Se podría hacer una larga lista de consignas agrupadas así, en pares, e igualmente ilusorias. Son relativamente inofensivas, aunque no todas.

~

¿Qué pensamientos tienen aquellos para los que la palabra «capitalismo» representa el mal absoluto? Vivimos en una sociedad que comporta formas coactivas de opresión muchas veces aplastantes para las masas de seres humanos que las padecen, desigualdades muy dolorosas, cantidad de torturas inútiles. Por otra parte, esta sociedad se caracteriza, desde el punto de vista económico, por ciertos modos de producción, de consumo, de cambio, que están en perpetua transformación y que dependen de las relaciones fundamentales que hay entre la producción y la circulación de las mercaderías, la circulación de mercaderías y la moneda, la moneda y la producción, la moneda y el consumo. Este conjunto de fenómenos económicos diversos y cambiantes suele cristalizar arbitrariamente en una abstracción imposible de definir, abstracción a la que, bajo el nombre de capitalismo, adjudicamos todos los sufrimientos que padecemos y que constatamos a nuestro alrededor. A partir de ahí, bastará que un hombre tenga carácter para que dedique su vida a la destrucción del capitalismo o, lo que es lo mismo, a la revolución, ya que esa palabra —revolución— no tiene hoy más que esta connotación puramente negativa.

Ya que la destrucción del capitalismo no tiene ningún sentido, por el hecho de que el capitalismo es una abstracción, y que tal destrucción no implica un determinado número de modificaciones concretas aplicadas al régimen —tales modificaciones son tratadas despreciativamente de «reformas»—, solo puede significar el aplastamiento de los capitalistas y, en general, de todos aquellos que no se declaran contra el capitalismo. Aparentemente es más fácil matar, o incluso morir, que plantearse algunas sencillas preguntas, como estas: ¿las leyes, las convenciones que rigen actualmente la vida económica, forman un sistema? ¿En qué medida hay conexión necesaria entre tal y tal fenómeno económico y tales otros? ¿Hasta qué punto la modificación de una u otra ley económica repercutiría sobre las otras? ¿En qué medida los sufrimientos impuestos por las relaciones sociales de nuestra época dependen de una determinada convención de nuestra vida económica o del conjunto de todas esas convenciones? ¿En qué medida tienen como causa otros factores, ya sean factores permanentes que persistirían después de nuestra organización económica, ya sea factores que se podrían suprimir sin poner fin a lo que llamamos régimen? ¿Qué nuevos sufrimientos, ya sean pasajeros o permanentes, implicaría necesariamente el método a seguir para tal transformación? ¿Qué nuevos sufrimientos acarrearía la institución de una nueva organización social? Quizá, si se estudiaran seriamente esos problemas, podríamos llegar a tener algo en la mente cuando decimos que el capitalismo es un mal; pero sería solo un mal relativo y la transformación del régimen social solo se podría proponer a fin de llegar a un mal menor. Pero debería tratarse de una transformación acotada.

Toda esta crítica se podría aplicar del mismo modo al otro campo, reemplazando la preocupación por el sufrimiento infligido a las capas sociales inferiores, por el cuidado del orden que hay que salvaguardar; y el deseo de transformación, por el deseo de conservación. Los burgueses asemejan fácilmente a quienes procuran el final del capitalismo, e incluso a quienes desean reformarlo, con los factores de desorden, porque ignoran en qué medida y en función de qué circunstancias las diversas relaciones económicas —cuyo conjunto es lo que actualmente llamamos capitalismo—, pueden ser consideradas como condiciones del orden. Muchos de ellos, sin saber qué modificación puede ser o no peligrosa, prefieren conservar todo igual, sin darse cuenta de que eso mismo, en medio de circunstancias cambiantes, puede ser una modificación que acarree desórdenes. La mayoría invoca religiosamente leyes económicas, como si fueran las leyes no escritas de Antígona, cuando en realidad las ven cambiar todos los días ante sus ojos. Para ellos, también, «conservar el régimen capitalista» es una expresión vacía de sentido, puesto que ignoran qué es lo que hay que conservar, en qué condiciones, en qué medida. En la práctica solo puede significar el aplastamiento de todos los que se refieren al fin del régimen. La lucha entre adversarios y defensores del capitalismo —esta lucha entre innovadores que no saben en qué innovar, y conservadores que no saben qué conservar—, es una lucha de ciegos contra ciegos, una lucha en el vacío que, por eso mismo, corre peligro de degenerar en exterminio. Las mismas observaciones pueden hacerse sobre la lucha que se desarrolla en el marco más restringido de las empresas industriales. Un obrero, por lo general, refiere instintivamente al patrón los sufrimientos que padece en la fábrica, sin preguntarse si, en cualquier otro sistema de propiedad, acaso la dirección de la empresa no le infligiría los mismos sufrimientos, o sufrimientos iguales, o aún mayores. Tampoco se pregunta qué parte de esos sufrimientos se podrían suprimir, atacando sus causas, sin tocar el sistema de propiedad actual. Para él, la lucha «contra el patrón» se confunde con la protesta irreprimible del ser humano aplastado por una vida demasiado dura. El patrón, por su parte, se preocupa, y con razón, por su propia autoridad. Solo que el papel de la autoridad patronal consiste exclusivamente en dirigir la producción, coordinar del mejor modo posible las distintas tareas, controlar, recurriendo a cierta coacción, la buena ejecución del trabajo. Todo régimen de fábrica, en donde esta coordinación y control estén convenientemente asegurados, concede parte suficiente a la autoridad patronal. Sin embargo, para el patrón, el sentimiento de su propia autoridad depende, antes que nada, de cierta atmósfera de sumisión y de respeto que tiene poco que ver con la buena ejecución del trabajo; y en concreto, cuando se da cuenta de una revuelta latente o declarada entre su personal, siempre la atribuye a ciertos individuos, cuando en verdad, cualquier revuelta, ya sea ruidosa o silenciosa, agresiva, o reprimida por la desesperación, es inseparable de toda existencia física o moralmente oprimida. Si, para el obrero, la «lucha contra el patrón» se confunde con el sentimiento de dignidad, para el patrón la lucha contra los «agitadores» se confunde con la preocupación por su función y su conciencia profesional; se trata, en ambos casos, de esfuerzos en el vacío que, por lo tanto, no se pueden enmarcar en un límite razonable. Mientras constatamos que las huelgas que se desarrollan en torno de reivindicaciones definidas desembocan sin demasiadas dificultades en un acuerdo, vemos huelgas que parecen guerras en el sentido de que la lucha no tiene un objetivo, ni de un lado ni de otro. Huelgas en las que no se percibía nada real ni tangible; nada que no fuera el paro de la producción, el deterioro de la maquinaria, la miseria, el hambre, las lágrimas de las mujeres, la subalimentación de los niños, y un encarnizamiento tal por parte de los adversarios de ambos lados, que daba la impresión de que no terminaría nunca. La guerra civil ya está en germen en semejantes acontecimientos.

~

Si se analizaran de esta manera todas las palabras y fórmulas que, a lo largo de la historia humana, han suscitado el espíritu de sacrificio a la par que la crueldad, las encontraríamos igualmente vacías. Y, sin embargo, todas esas entidades, ávidas de sangre humana, deben tener algún tipo de relación con la vida real, como en efecto sucede. En Troya quizá no había nada más que el fantasma de Helena, pero el ejército griego y el ejército troyano no eran fantasmas; del mismo modo, la palabra *nación* y las expresiones que esa palabra integra, pueden estar vacías de sentido, pero los distintos Estados, con sus oficinas, prisiones, arsenales, cuarteles, aduanas, son bien reales. La distinción teórica entre las dos formas de régimen totalitario, fascismo y comunismo, es imaginaria, pero en la Alemania de 1932 existían en efecto dos organizaciones políticas, cada una de las cuales aspiraba al poder total y, en consecuencia, a la eliminación del otro. Un partido democrático puede, poco a poco, convertirse en partido de una dictadura, pero siempre será distinto del partido dictatorial al que intenta abatir. Francia puede someterse a su vez a un régimen totalitario, con el objeto de defenderse de Alemania; el Estado francés y el Estado alemán seguirán siendo, de cualquier manera, dos Estados distintos. Destruir el capitalismo o conservar el capitalismo son consignas sin contenido; pero detrás de ellas hay organizaciones nucleadas. A cada abstracción vacía le corresponde un grupo humano. No tratamos aquí de abstracciones que permanecen inofensivas; recíprocamente, los grupos que no generaron entidades pueden no ser peligrosos. Jules Romains ha representado magníficamente esta especie particular de secreción cuando pone en boca del Dr. Knock la fórmula: «Por encima del interés del enfermo y del médico está el interés de la medicina». Palabras jocosas por el simple hecho de que por ahora los sindicatos médicos no han engendrado una entidad de este género. Semejantes entidades proceden siempre de organismos que tienen el rasgo común de alcanzar o ejercer el poder. Todos los absurdos que hacen que la historia se parezca a un largo delirio tienen su raíz en un absurdo esencial: la naturaleza del poder. La necesidad de que haya un poder es tangible, palpable, porque el orden es indispensable para la existencia; pero la atribución del poder es arbitraria, porque los hombres son semejantes, o casi semejantes. Pero esa atribución no debe aparecer como arbitraria, porque si no, el poder se acabaría. El prestigio, es decir, la ilusión, está así en el corazón mismo del poder. Todo poder recae sobre la relación entre actividades humanas; pero un poder, para ser estable, debe aparecer como algo absoluto, intangible para aquellos que lo ejercen, para quienes le están sometidos, para los poderes exteriores. Las condiciones del orden son esencialmente contradictorias. Parece que los hombres tienen que elegir entre la anarquía que acompaña a los poderes débiles y las guerras de todo tipo que suscita el prurito del prestigio.

Los absurdos que acabamos de enumerar, traducidos al lenguaje del poder dejan de parecer tales. ¿Acaso no es natural que cada Estado defina como su interés nacional la capacidad de hacer la guerra, puesto que está rodeado por otros Estados que, si advirtieran su debilidad, podrían subyugarlo por las armas? No se ve cuál es el punto medio entre ocupar el lugar debido en la carrera hacia la guerra, o estar preparados a padecer cualquier cosa por parte de otros estados armados. Solo si fuera absoluto, el desarme general suprimiría esta dificultad, lo que es casi inconcebible. Por otra parte, un Estado no puede parecer débil ante los estados extranjeros, sin correr el riesgo de poner a sus súbditos en la tentación de zarandear un tanto su autoridad. Si Príamo y Héctor hubieran devuelto a Helena a los griegos, se habrían arriesgado mucho más a suscitar el deseo de saquear una ciudad tan débil para ser defendida. Se habrían expuesto también a un levantamiento general de Troya; no porque la restitución de Helena hubiera indignado a los troyanos, sino porque les habría hecho pensar que los hombres a los que obedecían no eran suficientemente fuertes. Si en España uno de los bandos hubiera dado la impresión de querer la paz, primero habría animado al enemigo a aumentar su fuerza ofensiva y luego se habría expuesto a las sublevaciones de los suyos. Del mismo modo, para un hombre que no está comprometido ni con el bloque anticomunista ni con el bloque antifascista, el choque entre dos ideologías casi iguales puede parecer ridículo; pero, ya que estos bloques existen, quien se encuentra en uno considera al otro, necesariamente, como el mal absoluto, porque sabe que el otro lo aplastará si él no es más fuerte. Los jefes de uno y otro bando deben parecer preparados para aplastar al enemigo si quieren conservar la autoridad sobre sus tropas. Y cuando esos bloques alcancen determinada potencia, mantener una posición de neutralidad será prácticamente insostenible. Del mismo modo, en una jerarquía social cualquiera, cuando los que están abajo temen ser sometidos totalmente si no echan a sus superiores, y si unos u otros se hacen entonces lo suficientemente fuertes para no tener nada que temer, no resisten a la embriaguez de la fuerza estimulada por el rencor. Todo poder es, en principio, esencialmente frágil; por tanto, tiene que defenderse, porque si no, ¿cómo conseguir un mínimo de estabilidad en la vida social? Pero, casi siempre, la ofensiva aparece, con razón o no, únicamente como táctica defensiva, y esto en los dos bandos.

Por otra parte, es natural que sean sobre todo discrepancias imaginarias las que suscitan conflictos imperdonables porque se plantean exclusivamente en el plano del poder y del prestigio. Quizá es más fácil para Francia otorgar a Alemania algunas materias primas, que algunos acres de tierra llamados colonias; es más fácil para Alemania prescindir de materias primas que del término «colonia». La contradicción esencial para la sociedad humana es que toda situación social reposa sobre un equilibrio de fuerzas, un equilibrio de presiones análogo al equilibrio de los fluidos. Pero lo que no se compensa es el prestigio, el prestigio no comporta límites. Todo prestigio satisfecho es un atentado al prestigio o a la dignidad de otro. Es así que el prestigio es inseparable del poder. Parece haber ahí un punto muerto del que la humanidad solo puede salir por milagro. Pero la vida humana está hecha de milagros. Si no lo constatáramos a diario, ¿quién creería que una catedral gótica puede mantenerse en pie? Ya que de hecho no siempre estamos en guerra, la paz por tiempo indefinido no es imposible. Un problema que se plantea con todos los datos reales está cerca de resolverse. Hasta ahora nunca se había planteado así el problema de la paz internacional y civil.

~

La nube de las entidades vacías nos impide no solo percibir los datos del problema, sino incluso sentir que hay un problema que resolver y no una fatalidad que padecer; dejan los espíritus confundidos; no solo llevan a la muerte sino que hacen olvidar el valor de la vida, lo que es infinitamente más grave. La caza a las entidades en todos los campos de la vida política y social es una tarea de salud pública urgente. No es una caza fácil; toda la atmosfera intelectual de nuestra época favorece el florecimiento y multiplicación de las entidades. Nos podemos preguntar si no prestaríamos un servicio práctico de primer orden a nuestros contemporáneos si reformáramos los métodos de enseñanza y de divulgación científica; si expulsáramos la superstición grosera que se ha instalado aquí y que favorece un vocabulario artificial; si devolviéramos a los espíritus el buen uso de locuciones del tipo *en la medida que, siempre y cuando, a condición que, con relación a;* si desacreditáramos los razonamientos viciosos que equivalen a hacer admitir que el opio tiene virtud dormitiva. Levantar en general el nivel intelectual favorecería los esfuerzos de clarificación para desinflar las pretendidas causas de los conflictos. Ciertamente, no nos falta gente para predicar la calma en todos los ámbitos, pero en general, esos sermones no tienen el objetivo de despertar las inteligencias y eliminar los falsos conflictos, sino de adormecer y sofocar los conflictos reales. Los charlatanes que proclaman la paz internacional, entendiendo por esa expresión el mantenimiento del *statu quo* por tiempo indefinido para ventaja exclusiva del estado francés; los que recomendando la paz social entienden conservar intactos los privilegios o, al menos, supeditar cualquier cambio al visto bueno de los privilegiados; todos esos son los enemigos más peligrosos de la paz internacional y civil. No se trata de congelar artificialmente la relación de fuerza esencialmente variable, que los que sufren siempre tratarán de cambiar; se trata de discriminar lo imaginario de lo real para disminuir los riesgos de guerra sin renunciar a la lucha, de la que Heráclito decía que es condición de la vida.

MEDITACIONES SOBRE ECONOMÍA

(1937)

La economía es cosa singular. ¿Cuántas veces, en los últimos años, se habla de colapso económico ya sea en relación con un país cualquiera o con el conjunto del mundo capitalista? Tenemos así la impresión, excitante y romántica, de vivir en una casa que, de un día para otro, puede derrumbarse. Sin embargo, detengámonos un instante a reflexionar sobre el sentido de las palabras y a preguntarnos si ha habido algún colapso económico.

Como todas las preguntas extremadamente simples —tan puramente simples que uno ni siquiera se las plantea—, esta es capaz de arrojarnos a un abismo de reflexiones.

A primera vista, en la historia hubo derrumbamientos. El primer ejemplo que viene a la cabeza es el del Imperio Romano. Aunque la caída del mundo romano fue tanto administrativa como militar, política, intelectual y económica, no parece haber razones —salvo que ahondemos en un examen más profundo— para otorgar a la economía el papel principal en ese drama. En nuestros días, todos los colapsos económicos pronosticados hasta la saciedad desde hace años —Rusia, Italia, Alemania, capitalismo— están aparentemente tan cerca como el fin del mundo, que cada día se augura para el día siguiente.

Se citan ejemplos convincentes. El antiguo régimen, en 1789, ¿no cayó por la imposibilidad económica y financiera de mantenerse? Y, más cerca de nosotros, la República de Weimar, ¿no sucumbió a dificultades económicas que no pudo o no supo resolver? Se podrían encontrar otros ejemplos análogos. Y ciertamente no es errado alegarlos. Sin embargo, de ordinario se omite señalar, con relación a esto, algo muy sorprendente. Estas dificultades económicas, que por su gravedad pueden quebrar un régimen, las heredan, normalmente agudizadas, los regímenes siguientes, a pesar de lo cual se tornan entonces mucho menos nocivas. La situación económica y financiera de 1789 distaba mucho de ser brillante. Pero los manuales de historia que explican así la caída de la monarquía olvidan que la Revolución, en vez de traer remedio, trajo una guerra ruinosa, y sobrevivió a pesar de todo a la tremenda aventura de los «asignados».[1] Las dificultades que hicieron sucumbir a la República de Weimar no habían desaparecido, salvo error, cuando sobreviene el Tercer Reich, y sin embargo permitieron que este subsistiera. Y los antifascistas que juzgaban imposible que el Tercer Reich se prolongara económicamente olvidan que el régimen democrático, socialista, comunista, o cualquier otro que se estableciera en Alemania, sufriría muy probablemente los mismos males, y debería acomodarse a ellos al menos durante un largo tiempo.

Estas observaciones llevarían a pensar que no hay hundimiento económico sino crisis políticas provocadas o agravadas, en ciertos casos, por una mala situación económica, lo cual es muy distinto. Una analogía nos permitirá verlo más claro. La relación causa-efecto entre una derrota militar y un cambio

---

1 Billete de papel emitido durante la Revolución francesa para estimular la economía y sin embargo provocó inflación *[N. del E.]*.

de gobierno o de régimen político es un hecho de experiencia común. Sin embargo, tampoco en este caso se debe a que las nuevas condiciones creadas por la derrota militar hagan imposible que el régimen subsista; el nuevo régimen se acomoda a estas condiciones sin estar mejor armado para soportarlas. Lo que sucede es que la derrota disminuye o anula el prestigio del poder, que es lo que mantiene a los pueblos sometidos en la obediencia, mucho más que la fuerza propiamente dicha. En muchos casos sería igual, o quizá más fácil, rebelarse contra un estado vencedor que contra un estado derrotado. Pero la victoria sofoca las veleidades de revuelta entre los más descontentos, veleidades que la derrota reaviva en todos. ¿Las repercusiones políticas de los hechos económicos no seguirán un mecanismo análogo?

Las dificultades económicas no siempre son análogas a las derrotas militares, sino solo en ciertas circunstancias.

~

No se puede equiparar la economía con la arquitectura, ni las desgracias de la economía con los derrumbamientos edilicios.

En todos los dominios en los que se aplica el pensamiento y la actividad humana la clave viene dada por cierta noción de equilibrio; cuando esta falta, lo que quedan son tanteos miserables. Ese equilibrio de proporción, preciado por los pitagóricos, constituye el símbolo matemático. Los griegos y después de ellos los florentinos del siglo xiv, inventaron la escultura cuando concibieron aquel equilibrio propio de la forma humana en mármol y en bronce. Florencia descubrió la pintura cuando formó la noción de composición. Bach es el músico más puro porque parece que se impuso la tarea de estudiar todos los modos de equilibrio del sonido. Arquímedes creó la física cuando construyó matemáticamente diferentes formas de palancas. Hipócrates partió de la noción pitagórica que asimilaba la salud a un juego de equilibrio dado entre los diversos órganos. El milagro griego, debido principalmente a los pitagóricos, consiste esencialmente en haber descubierto la virtud del concepto y del sentimiento de equilibrio.

El milagro griego todavía no se ha hecho extensivo a la vida económica. No tenemos una noción específica de equilibrio económico. Es una noción que los hombres no han alcanzado; además ni siquiera hace dos siglos que se iniciaron los estudios de economía. Y diríamos la estricta verdad si afirmáramos que este siglo y medio de estudios sobre economía ha sido vano. Todavía no hemos tenido un Tales, un Arquímedes, un Lavoisier de la economía. La aparición, hace poco más de un siglo, de las doctrinas revolucionarias, tiene mucho que ver probablemente con este fracaso. Los revolucionarios, ansiosos de demostrar que la sociedad burguesa se ha vuelto imposible, naturalmente nunca han buscado definir el equilibrio económico a partir de las condiciones que les eran dadas. Y, en cuanto al futuro, admitían como evidente que la revolución, en materia económica, aportaría automáticamente todas las soluciones y acabaría con todos los problemas. No hay ningún revolucionario que haya intentado seriamente definir las condiciones de equilibrio económico del régimen social que preconizaba. En cuanto a los no revolucionarios, la polémica hizo de ellos contrarrevolucionarios ansiosos, no de estudiar la realidad que tenían ante sus ojos, sino de cantar sus alabanzas. Hoy en día padecemos, en todos los campos, esta falta de honradez intelectual que además compartimos en mayor o menor medida. Bien es cierto que poseemos una suerte de sucedáneo barato de esta noción de equilibrio económico. Se trata de la idea −si es que podemos utilizar esa palabra− de equilibrio financiero. Es de una ingenuidad que desarma. Se define con el signo igual puesto entre los recursos y los gastos, evaluados unos y otros en términos contables. Aplicado al estado, a las empresas industriales y comerciales, a los simples particulares, este criterio parecía antiguamente aplicarse a todo. Y constituía, al mismo tiempo, un criterio de verdad. Pagar las deudas, −ideal de la virtud burguesa− tuvo sus mártires, como todo ideal, cuyo mejor representante será siempre César Birotteau.[2] Ya en el siglo V a.C., Céfalo el anciano, para explicarle a Sócrates que siempre había vivido de acuerdo a la justicia, decía: «He dicho la verdad y he pagado mis deudas». Sócrates dudaba, con su mordacidad, de que fuera una definición satisfactoria de la justicia. Hoy ese criterio ha perdido parte de su prestigio, tanto desde el punto de vista económico como desde el punto de vista moral, pero sigue vigente a pesar de todo. Se tiende siempre a aplicar al estado la fór-

2   Personaje de la novela de Honoré de Balzac *Grandeza y decadencia de César Birotteau*, perteneciente a la serie «Escenas de la vida parisina», de *La comedia humana*.

mula de Céfalo, o, al menos la mitad de la fórmula: nadie le pide al Estado que diga la verdad, pero nos parece abominable que no pague sus deudas.

Todavía no hemos comprendido que el ideal del buen Céfalo se hace inaplicable debido a dos fenómenos ligados entre sí y casi tan viejos como la misma moneda. Se trata del crédito y de la renta del capital. Proudhon, en su admirable y breve tratado *¿Qué es la propiedad?* probaba que la propiedad no era ni injusta ni inmoral, sino imposible. Entendía por propiedad, no el derecho a usar exclusivamente un bien, sino el derecho a prestarlo con intereses, sea cual sea la forma que se dé a ese interés: alquiler, arrendamiento, renta, dividendos. Se trata, en efecto, del derecho fundamental de una sociedad en la que la fortuna se calcula ordinariamente con relación a la renta.

Tan pronto como el capital inmobiliario o los bienes muebles dan una renta, tan pronto como esta renta figura en gran número de contabilidades públicas o privadas, la búsqueda del equilibrio financiero es un principio permanente de desequilibrio. Es una evidencia que salta a los ojos. Un interés del 4% quintuplica el capital en un siglo. Pero si la renta se reinvierte, tenemos una progresión geométrica tan rápida —como toda progresión geométrica—, que hace que un capital con un interés del 3% se centuplique en dos siglos.

Sin duda, es siempre una parte bastante pequeña de bienes muebles o inmuebles la que se alquila o se pone en interés a plazos. Además de que no todos los ingresos se reinvierten. No obstante, estas cifras indican al menos que es matemáticamente imposible que se mantenga durante dos siglos la integridad de una sociedad fundada en el dinero y en el préstamo a interés. Si esta se mantuviera, la renta del capital haría pasar automáticamente todos los recursos a manos de unos pocos.

Una rápida ojeada muestra el papel subversivo que ha desempeñado siempre en la historia el fenómeno del endeudamiento desde que existe el dinero. Las reformas de Solón y de Licurgo consistieron, sobre todo, en la abolición de las deudas. Luego, las pequeñas polis griegas fueron desgarradas nuevamente por movimientos en favor de una nueva abolición. La revuelta a raíz de la cual los plebeyos de Roma obtuvieron la institución de los tribunos tenía su causa en el endeudamiento que reducía a la condición de esclavitud a un número creciente de deudores insolventes. Incluso sin revuelta, una abolición parcial de las deudas se había vuelto necesaria, porque por cada plebeyo convertido en esclavo, Roma perdía un soldado.

El pago de las deudas es necesario para el orden social. El no pago de las deudas es igualmente necesario para el orden social. La humanidad oscila desde hace siglos, con hermosa inconsciencia, entre estas dos necesidades contradictorias. Por desgracia, la segunda lesiona muchos intereses en apariencia legítimos y no se hace respetar sin agitación y sin cierta violencia.

PARA UNA APOLOGÍA DEL 'DEFAULT'

(1937)

La palabra «bancarrota» es una de esas palabras molestas, que suenan mal, como «adulterio» o «fraude». Cuando se la pronuncia a propósito de las finanzas del propio país, se habla con gusto de «bancarrota humillante». Se pueden buscar excusas para una bancarrota, se pueden encontrar razones para atenuar tal o cual responsabilidad. Pero nadie piensa que la bancarrota no proceda, de algún modo, de un pecado; nadie piensa que pueda llegar a constituir un fenómeno normal. Ya Céfalo el viejo, que había llevado una vida irreprochable, para explicárselo a Sócrates, le decía: «No engañé a nadie y pagué mis deudas». Sócrates, que era un espíritu mordaz, dudaba de que esa fuera una definición suficiente de justicia. El francés medio —lo somos todos la mayor parte del tiempo— aplica el criterio de Céfalo voluntariamente al Estado, al menos en su segunda parte; pues en cuanto a la primera, nadie pide a un gobierno que no mienta.

Proudhon, en esa brillante obra de juventud titulada *¿Qué es la propiedad?* prueba con un razonamiento sencillo y evidente que el ideal del buen Céfalo era absurdo. La idea fundamental de Proudhon en esa obra tan desconocida es que la propiedad privada no es mala ni injusta, sino imposible. Entiende por propiedad, no el hecho de poseer un bien cualquiera, sino el derecho bastante más importante de prestarlo a interés, bajo cualquier forma que, por otra parte, esta pueda tomar: alquiler, arrendamiento, renta, dividendos.

La demostración de Proudhon descansa sobre una ley matemática muy clara. El rendimiento del capital implica una progresión geométrica. El capital solo produciría un interés del 1%. No obstante, si se acrecienta siguiendo una progresión geométrica, lo hace a razón de $1+1/100$. Toda progresión geométrica engendra números astronómicos con una rapidez que supera la imaginación. Un simple cálculo muestra que un capital que solo diera un interés insignificante del 1%, se duplica en un siglo, se multiplica por siete en dos siglos; y con un modesto interés del 3% se centuplica en el mismo espacio de tiempo. Por lo tanto, es matemáticamente imposible que todos los hombres de un país sean virtuosos durante dos siglos, como Céfalo; pues aunque una porción relativamente pequeña de bienes muebles e inmuebles se alquile o se ponga a interés, es matemáticamente imposible que el valor de esta porción se centuplique en algunas generaciones. Si para el orden social es necesario que la gente pague sus deudas, es más necesario aún que la gente no pague sus deudas.

Desde que existe el dinero y el préstamo a interés, la humanidad oscila entre esas dos necesidades contradictorias, siempre con una inconsciencia digna de admiración. Si nos entretuviéramos retomando la historia conocida para presentarla como historia de las deudas pagadas e impagadas, podríamos llegar a dar cuenta de buena parte de los grandes acontecimientos del pasado. Todos saben, por ejemplo, que la reforma de Solón en Atenas, la creación de los tribunos en Roma, son resultado de disturbios suscitados por un endeudamiento excesivo de la población. El endeudamiento del Estado ha constituido siempre un fenómeno no menos fecundo en consecuencias. Ya se trate de la gente o del Estado, el único remedio que hubo siempre contra el endeudamiento fue eximir —abierta o simuladamente— del pago de las deudas.

Sabemos construir mecanismos que vuelven al Estado inicial cuando se rebasa un determinado límite, pero no sabemos construir tales mecanismos para organizar de modo automático la máquina social. En vez de eso tenemos los sufrimientos, la sangre y las lágrimas de los hombres.

Hoy podemos entregarnos a amargas meditaciones sobre el fenómeno del endeudamiento. Debido a la guerra, el Estado francés se ha visto comprometido hasta el cuello en este engranaje matemático del cual el país parece que no puede salir. Se ha vertido sangre gratuitamente y pronto lo olvidamos. Pero las familias que entregaron sus hijos han puesto su dinero, y ese préstamo de hace más de veinte años nos estrangula cada día más. Decía

Maquiavelo que los hombres olvidan más fácilmente la muerte de sus padres que la pérdida de su patrimonio. Ciertamente tenía razón, sin embargo, esa fórmula tan precisa hoy sería más impactante si en vez de padre dijera hijo. Todavía no ha habido ningún gobierno que se atreva a anunciar que considera caducadas las cargas financieras heredadas de la guerra. Un día llegará ese momento, a pesar de todas las dificultades de dicha operación, pues es imposible que tales cargas sigan engrosando una bola de nieve durante mucho más tiempo. Es tanto más imposible cuanto las cargas procedentes de una guerra eventual forman otra bola de nieve no menos temible. Pues también hoy, los mismos que sin dudarlo donarían su sangre y la de los suyos sin exigir nada a cambio, necesitan un cuatro por ciento y una garantía de cambio para colaborar en la defensa nacional.

La noción de contrato entre el Estado y los particulares es absurda en una época como la nuestra.

MEDITACIONES ANTE UN CADAVER

(1937)

Gobierno de Francia presidido por Léon Blum, en junio de 1936.

El gobierno de junio de 1936 ya no existe. Liberados, unos y otros, de nuestras obligaciones de seguidores u opositores de lo que hoy es ya un difunto sustraído a la actualidad —tan ajeno a nosotros como la constitución de Atenas—, al menos aprendamos la lección de esta corta historia que fue para muchos un sueño feliz y para otros una pesadilla.

Sueño o pesadilla. Hubo algo irreal en el año que se fue. Todo recayó en la imaginación. Pensemos con la mente en calma en esta historia prodigiosa, todavía tan cercana y, ¡oh desgracia!, ya tan lejana. Por ejemplo, ¿que diferencia había en las constantes reales de la vida social entre los meses de julio de 1936 y febrero del mismo año? Casi ninguna. Lo que sí había era una transformación total de los sentimientos, como aquel crucifijo de madera que, según del lado que se mire, expresa serenidad o agonía. El poder parecía haber cambiado de bando simplemente porque quienes en febrero solo hablaban para dar órdenes, en julio se creían demasiado agraciados de que les reconocieran el derecho de hablar y negociar; y aquellos que a principio de año se creían confinados de por vida a la categoría de hombres que solo tienen derecho a callarse, algunos meses después se figuraron que el curso de los astros dependía de sus gritos.

La imaginación es el tejido de la vida social y el motor de la historia. Las verdaderas necesidades, las verdaderas insuficiencias, los verdaderos recursos solo actúan de modo indirecto porque no llegan a la conciencia de las masas. Para tomar conciencia incluso de las realidades más sencillas es necesario poner atención, y las masas humanas no prestan atención. La cultura, la educación, la posición en la jerarquía social suponen una mínima diferencia con relación a esto. Cien o doscientos industriales reunidos en una sala forman un rebaño casi tan inconsciente como una concentración de obreros o de pequeños comerciantes. Quien invente un método que permita a los hombres reunirse sin que su cabeza se apague, produciría en la historia humana una revolución comparable a la que aportó el descubrimiento del fuego, de la rueda, de los primeros utensilios. Mientras tanto, la imaginación es y seguirá siendo, en los asuntos humanos, un factor cuya importancia real es casi imposible de exagerar. Sin embargo, tendrá efectos bien distintos si se descuida o según cómo se maneje. El estado de las imaginaciones en un momento determinado proporciona los límites dentro de los cuales puede ejercitarse eficazmente la acción del poder en ese momento y actuar sobre la realidad. Un momento después ya los límites se han desplazado. Puede ocurrir que el estado de ánimo permita que un gobierno tome una determinada medida tres meses antes de que sea necesaria, mientras que en el momento en que se impone su ejecución el estado de ánimo ya no la deje avanzar. Había que haberla tomado tres meses antes. Sentir, percibir continuamente estas cosas es saber gobernar.

El paso del tiempo es el instrumento, la materia, el obstáculo de casi todas las artes. Basta que una pausa entre dos notas de música se prolongue un instante más de lo debido, que el director de orquesta ordene un *crescendo* en un determinado momento y no un minuto más tarde, para que se pierda la emoción musical. Que en una tragedia pongamos una breve réplica en vez de un largo discurso; que en otro momento pongamos un largo discurso en vez de una breve réplica; que el giro de la trama se coloque en el tercer acto en vez del cuarto, y nos quedamos sin tragedia. El remedio, la intervención quirúrgica que salva a un enfermo en una etapa determinada de su enfermedad podría serle fatal si se practica unos días antes. ¿El arte de gobernar será el único que se sustrae a esta condición de la oportunidad? No; la requiere más que ninguna. El gobierno hoy difunto, nunca lo comprendió. Sin hablar siquiera de la sinceridad, de la sensibilidad, de la elevación moral que hacen de León Blum[3] alguien justamente apreciado por quienes no están cegados por su orientación ¿Dónde encontrar en las

---

3   Dirigente socialista francés que presidió el gobierno francés entre junio de 1936 y junio de 1937, el periodo al que alude Weil. Posteriormente presidió la República francesa entre marzo y abril de 1938 y el gobierno provisional de la República francesa entre diciembre de 1946 y enero de 1947.

esferas políticas francesas un hombre de semejante inteligencia? Y, sin embargo, le falta inteligencia política. Es como esos autores dramáticos que conciben su obra únicamente bajo la forma de libro impreso; sus obras de teatro nunca suben a los escenarios porque nunca dicen las cosas en el momento oportuno; o como esos arquitectos que saben hacer bonitos planos, pero sin contemplar las leyes de los materiales de construcción. De ordinario creemos definir convenientemente a la gente que tiene ese carácter tratándolos de teóricos puros. Es inexacto. Pecan, no por exceso, sino por insuficiencia de teoría. Han omitido el estudio de los materiales propios de su arte.

La materia propia del arte político es la doble perspectiva, siempre inestable, de las condiciones reales de equilibrio social y de los movimientos de la imaginación colectiva. Nunca la imaginación colectiva —ya sea de las masas populares, ya sea de las cenas de *smoking*—, trata de los verdaderos factores que definen una situación social determinada. O bien se atrasa, o se desvía, o se adelanta. El hombre político debe ante todo sustraerse a su influencia y considerarla fríamente desde afuera, como una corriente, para emplearla como fuerza motriz. Si bien escrúpulos legítimos le prohíben provocar artificialmente movimientos de opinión a golpe de mentiras, como se hace en los estados totalitarios y aún en otros, ningún escrúpulo puede impedirle utilizar los movimientos de opinión que no es capaz de dirigir. Solo puede utilizarlos transponiéndolos. Un torrente no hace nada, solo cava un lecho, o acarrea tierra, a veces inunda; pero póngase en él una turbina, conéctese la turbina a un torno automático, y el torrente producirá tornillos pequeños de una precisión milagrosa. Pero el tornillo no se parece en nada al torrente. El tornillo puede parecer un resultado insignificante para tamaño alboroto. Sin embargo, algunos de esos pequeños tornillos, colocados en una gran máquina, permitirán levantar rocas que resistan al empuje del torrente. Puede ocurrir que un gran movimiento de opinión permita acometer una reforma muy pequeña que, aparentemente, no tiene relación con él, aunque sería imposible sin él. Y, al revés, puede ocurrir que, por falta de una pequeña reforma, un gran movimiento de opinión se quiebre y pase de largo como algo soñado.

Para poner un ejemplo entre otros muchos, en el mes de junio de 1936, como las fábricas estaban ocupadas y los burgueses temblaban ante la sola palabra *soviets*, era fácil establecer la carta de identidad fiscal, y las medidas destinadas a reprimir el fraude y la evasión de capitales; en resumen, imponer cierto nivel de civismo en materia financiera. Sin embargo, eso aún no era imprescindible, y la ocupación de fábricas acaparaba la atención del gobierno y la de las multitudes obreras y burguesas. Cuando estas medidas se presentaron como el último recurso, el momento de ejecutarlas ya había pasado. Había que haberlo previsto. Había que aprovechar el momento en que el campo de acción del gobierno era más amplio de lo que podía ser en adelante, para realizar al menos las medidas ante las que habían vacilado los gobiernos precedentes de izquierda y otros. Allí es donde se reconoce la diferencia entre el hombre político y el amateur de la política. El método de acción consiste, en todos los terrenos, en tomar una medida no en el momento en que puede ser eficaz, sino cuando es posible, teniendo presente el momento en que será eficaz. Las mismas buenas intenciones que tienen quienes no saben usar el tiempo astutamente son las que alfombran el suelo del infierno.

Entre todos los fenómenos singulares de nuestra época hay uno digno de asombro y de ser meditado: se trata de la socialdemocracia. ¡Qué grandes diferencias entre los grandes países de Europa, entre los diversos momentos críticos de la historia reciente, entre las distintas situaciones! Y, sin embargo, casi en todas partes, la socialdemocracia se mostró idéntica a sí misma, adornada con las mismas virtudes y roída por las mismas debilidades. Siempre las mismas excelentes intenciones: las que alfombran el infierno de los campos de concentración. León Blum es un hombre de una inteligencia refinada, de gran cultura; ama a Stendhal; ha leído, y probablemente releído *la Cartuja de Parma*; pero le falta esa punta de cinismo indispensable para la lucidez. En las filas de la socialdemocracia podemos encontrar de todo menos espíritus verdaderamente libres. Sin embargo, es una doctrina dúctil, sujeta a tantas interpretaciones y modificaciones como se quiera. Pero nunca es bueno cargar con una doctrina detrás de sí, sobre todo si en ella se encierra el dogma del progreso, la confianza indefectible en la historia y en las masas. Maquiavelo es infinitamente más útil que Marx para formarse un juicio.

MEDITACIONES ANTE UN CADÁVER

(1937, VARIACIÓN DEL ANTERIOR)

No hay dificultades económicas; sólo hay dificultades políticas.

Los hombres se resignan a sufrir más fácilmente cuando piensan que sus sufrimientos están impuestos por el poder que si consideran que el poder trata de librarlos de ellos sin conseguirlo; por una singular aberración, el poder les parece una fuerza más difícil de doblegar que las cosas naturales.

El primer gobierno del Frente Popular —el que llevará ese nombre— ha muerto. Ya pertenece a la historia. Pertenece al pasado tanto como el reinado de Antonino o de Calígula. Y liberados con relación a él de todas las obligaciones propias de partidarios o adversarios, podemos, como simples espectadores, meditar libremente ante su cadáver.

¡Qué cerca y qué lejos queda la hora en que se formó! Hora de pesadillas para unos; de sueño maravilloso para muchos; borrachera de saturnales en la que el alma, por mucho tiempo contraída por la sumisión y la restricción, se dilata en el éxtasis de una liberación, en la que solo cree a medias. Para todos, atmósfera de sueño, de irrealidad. Efectivamente era como un sueño. Porque ¿qué es lo que había cambiado entre marzo y junio de 1936 en el equilibrio de las fuerzas constitutivas de la sociedad francesa? Nada. Salvo que aquellos que en marzo hablaban solo para mandar, en junio tenían suerte si se les permitía opinar; aquellos que en invierno se creyeron confinados a morir en el rebaño al que solo se le permite callarse, imaginaban, en el solsticio de verano, que sus gritos podrían cambiar el curso de los astros.

La imaginación colectiva —cuyos repentinos desvaríos serán siempre la desesperación de los que quieren entender la historia— es un factor real y de primera importancia en la vida social. Ella modela la realidad a su imagen, en alguna medida, en el sentido de que mientras la multitud sufriente cree que nada puede, efectivamente, nada puede. Y cuando cree que todo lo puede, puede, efectivamente, alguna cosa. Hasta el día en que, sintiendo que ese algo no es todo, recae en su primer sentimiento de impotencia. Retz analizaba de modo superior este movimiento pendular. Por otra parte, puede decirse otro tanto, guardando las proporciones, de todos los agrupamientos sociales susceptibles de participar del poder. Pero la imaginación colectiva es inestable, y nada que se parezca a las imágenes que porta en su flujo queda en sus reflujos.

El arte de la política consiste en prever, más o menos, esas oscilaciones misteriosas, sentirlas cuando se producen, utilizar en cada momento en su plenitud esta fuerza que constituye la imaginación colectiva, fuerza ciega que un hombre que sabe donde quiere ir, puede manejar para atenuar sus variaciones por medio de artificios. Pues hay un arte de la política. Los dictadores lo saben. Nada más refinado que la manera de gobernar de Mussolini, o incluso de Hitler, o de Stalin. Los demócratas lo ignoran, al menos en Francia, pero puede que, por ejemplo, Roosevelt no lo ignore. Nuestros hombres de izquierda, y particularmente nuestros socialistas, gobiernan como si lo que se elige en cada momento, el orden de sucesión de las medidas tomadas, la manera de presentar las medidas, y tantas otras cosas análogas, no importaran en política. Se puede arruinar un concierto si el director de orquesta adelanta unos segundos la entrada de una nota. Y la política, tanto más compleja, ¿podría trabajarse como algo fuera del tiempo y del espacio? No, de ninguna manera. Sobre el gobierno de junio de 1936 se hicieron y se harán muchos juicios injustos por excesiva hostilidad o favoritismo. Quizá la apreciación más justa sea ponerlo entre esos arquitectos que solo saben hacer preciosos dibujos sobre el papel, pero sin conformidad con las leyes de los materiales de construcción; o con esos poetas que solo saben escribir bocetos de poemas en prosa; o con los autores dramáticos cuyas obras tienen éxito por escrito, pero nunca llegan a representarse en el teatro; en resumen, con todos aquellos cuyas buenas intenciones pavimentan el suelo del infierno. A las personas de ese talante, cuando se ponen a actuar, se las suele tachar de teóricos puros, pero es al revés: pecan por falta de teoría. Han descuidado la meditación sobre la materia y los instrumentos propios de su arte.

La meditación sobre la materia y los instrumentos del arte de la política es más fácil para los dictadores y los políticos ambiciosos, que desprecian a los hombres, que para los demás. Un dictador puede amar vivamente a su pueblo, pero su amor probablemente se parece mucho al de un jinete por un hermoso caballo; puede ser un amor muy tierno, pero perfectamente compatible con una mirada clara, fría y cínica para usar la fusta y el freno. Los hombres con sincero espíritu cívico, como León Blum, tienen en el corazón un amor bien distinto, sin mezcla de desprecio; y ese amor, como las lágrimas, nubla la vista.

A ojos de los hombres el desprecio no es más justificable que la estima; la mayoría, o más bien todos los hombres, tienen bajeza y virtud sublimes de sobra para justificar plenamente ambas cosas. Además, un juicio no se define tanto por el desprecio o la estimación ajena, como por la firme determinación de utilizar sus debilidades o de contribuir a mantener vivas sus grandezas.

Es otra la razón por la que el desprecio de los hombres favorece una mirada lúcida sobre el arte de la política. Es porque la materia de este arte son los hombres, y considerar a los hombres como una simple materia en manos de algunos técnicos es ya de por sí una perspectiva despreciable. Sin embargo, sin esa mirada, no hay arte de gobierno. De tal modo que los grandes estadistas a lo largo de la historia —casi todos o quizá todos ellos— han orientado el ejercicio de su genio a la opresión. Los Gracos, con su gran corazón y su gran inteligencia, supieron perecer miserablemente; la sangre más pura del mundo corrió en vano, y la historia casi lo ha olvidado, mientras que ha inmortalizado el nombre de Augusto.

Se comprende así que el gobierno de junio de 1936, dirigido por el hombre más inteligente de nuestros políticos, no solo haya cometido muchas faltas, como era de esperar, sino algunas muy groseras. Sin cierto cinismo, la inteligencia no termina de ser totalmente fuerte; rara vez el cinismo se alía con el espíritu cívico. Mussolini ha leído y meditado a Maquiavelo y lo ha entendido. No ha hecho otra cosa más que aplicarlo. León Blum no se ha formado, ciertamente, leyendo a Maquiavelo, ese físico del poder político. Esa formación hubiera impedido que descuidara algunas máximas luminosas que son al ejercicio del poder lo que el solfeo al canto.

Una de esas máximas es que quien asume el poder debe tomar enseguida todas las medidas rigurosas que estima necesarias, y no después, o, en todo caso, cada vez menos. Ya que los ministros socialistas creen en la eficacia de algunas medidas fiscales y financieras para llenar las arcas del estado, sostener la moneda y establecer cierto civismo en materia de dinero, deberían, como es evidente, tomar todas esas medidas en junio de 1936 y no un año más tarde. Ese era el momento para hacer balance público de una situación ya catastrófica y tomar enseguida todas las medidas de excepción que se estimaran oportunas, incluida la devaluación. Todo había que intentarlo en ese momento, todo, incluso lo que después se dijo que era impedido por el «muro de plata».

La derecha, o lo que llamamos con ese nombre, se había resignado y preparado para recibir golpes. Cuando un poder recién constituido comienza por asestar los golpes que quiere a sus adversarios y después, poco a poco, los deja tranquilos, estos le agradecen todos los males que no padecen. Cuando comienza por cuidar a sus adversarios, estos se irritan después a la menor amenaza. Lo peor de todo es tutelarlos, dejando que pesen continuamente sobre ellos amenazas vagas que nunca se realizarán; entonces el poder se gana la hostilidad y el desprecio juntos. Y cae. Eso es lo que ocurrió.

El principio fundamental del poder y de toda acción política es que nunca hay que demostrar ni la apariencia de una debilidad. La fuerza no solo se hace temer, sino que también se hace amar, incluso por aquellos a los que somete violentamente; la debilidad no solamente no es temida, sino que inspira siempre cierto desprecio y repulsión, incluso en aquellos a los que favorece. No hay verdad más amarga y, por eso, generalmente más ignorada. Sila, después de su abdicación, vivió con total seguridad en esa Roma en la que había hecho correr tanta sangre; los Gracos perecieron vilmente abandonados por la multitud a la que habían dedicado sus vidas. Generalmente se cree que los hombres actúan según razonamientos sobre la justicia, o sobre su interés propio; en realidad es el imperio de la fuerza el que modela soberanamente sentimientos y pensamientos. ¡Cuánta gente, sin siquiera darse cuenta, concebía y sentía la cuestión social de modo muy distinto en junio de 1936 y en abril del mismo año, aunque los datos reales no habían cambiado! Las guerras son seguidas por revoluciones en los países vencidos, no en los países vencedores. Y, sin embargo, el pueblo vencedor tiene tantas razones para rebelarse y tanta fuerza para hacerlo como el pueblo vencido; pero este tiene frente a él un Estado que se mostró débil. Esta fuerza que reina incluso en las conciencias es mayormente imaginaria. El león se arrastra ante el domador que aparenta tener una fuerza invencible y le lame la mano; el mismo león devora al domador que muestra temor o indecisión. La situación del hombre en el poder es como la del individuo que está frente a la masa: es siempre como el domador delante del león.

PROGRESO Y PRODUCCION

(¿1937?)

Vivimos en una época iluminada que se ha sacudido de encima las supersticiones y los dioses. Solo permanece ligada a algunas divinidades que reclaman y obtienen la más alta consideración intelectual, como Patria, Producción, Progreso, Ciencia. Desgraciadamente, esas divinidades tan depuradas y refinadas, totalmente abstractas, como corresponde a una época altamente civilizada, son en su mayoría de la especie antropófaga. Aman la sangre. Reclaman sacrificios humanos. Zeus era menos exigente. Pero así como no se habrían ofrecido a Zeus más que algunas gotas de vino y un poco de grasa de buey, en cambio, ¿qué no se dedicaría al progreso? Así, mientras a veces se reían de Zeus, nunca se reirán del progreso. Somos una civilización que no se ríe de sus dioses. ¿Será casualidad que desde que se entronizaron en el Olimpo estos dioses de los que nadie se ríe, ya no hay casi más comedia?

Se puede conceder todo al progreso ya que se ignora totalmente lo que exige. ¿Quién intentó alguna vez definir el progreso? Si se abriera un concurso con este tema, sin duda sería instructivo y divertido comparar las definiciones. Propongo la siguiente definición, la única en mi opinión plenamente satisfactoria y que se aplica a todos los casos: se dice que hay progreso siempre que los estadísticos pueden, tras comparar las estadísticas, obtener una función que crece con el tiempo. Si hay en Francia —simple suposición— dos veces más hospitales que hace veinte años, tres veces más que hace cuarenta años, hay progreso. Si hay dos, tres veces más automóviles, hay progreso. Si hay dos, tres veces más cañones, hay progreso. Si hay dos, tres veces más de casos tuberculosis… pero no, este ejemplo solo servirá el día que la tuberculosis se fabrique. Conviene agregar a la definición de arriba que la función debe expresar el crecimiento de cosas fabricadas.

Esta edición de
EL PODER DE LAS PALABRAS
de Simone Weil
se imprimió en Madrid
en octubre de 2025.

La portada y los títulos interiores
han sido compuestos con

Qochy,

una tipografía creada por el
estudio Prioritype Co.